São Cipriano: santo invocado para afastar o mal

Elam de Almeida Pimentel

São Cipriano: santo invocado para afastar o mal

Novena e ladainha

Petrópolis

© 2008, Editora Vozes Ltda.
Rua Frei Luís, 100
25689-900 Petrópolis, RJ
www.vozes.com.br
Brasil

4ª edição, 2015.

1ª reimpressão, 2022.

Todos os direitos reservados. Nenhuma parte desta obra poderá ser reproduzida ou transmitida por qualquer forma e/ou quaisquer meios (eletrônico ou mecânico, incluindo fotocópia e gravação) ou arquivada em qualquer sistema ou banco de dados sem permissão escrita da editora.

CONSELHO EDITORIAL

Diretor
Gilberto Gonçalves Garcia

Editores
Aline dos Santos Carneiro
Edrian Josué Pasini
Marilac Loraine Oleniki
Welder Lancieri Marchini

Conselheiros
Francisco Morás
Ludovico Garmus
Teobaldo Heidemann
Volney J. Berkenbrock

Secretário executivo
Leonardo A.R.T. dos Santos

Editoração: Frei Leonardo A.R.T. dos Santos
Diagramação e *capa*: AG.SR Desenv. Gráfico

ISBN 978-85-326-3697-3

Este livro foi composto e impresso pela Editora Vozes Ltda.

Quem crê no Filho tem a visão eterna.
Jo 3,36

Na terra, somos peregrinos, sempre prontos para partir.
Santo Agostinho

Eu sou a ressurreição e a vida. Quem crê em mim, ainda que esteja morto, viverá.
Jo 11,25

Tu nos fizeste para ti, e nosso coração não pode encontrar descanso senão em ti.
Santo Agostinho

Sumário

1. Apresentação, 9
2. Tradição sobre a vida de São Cipriano, 11
3. Novena de São Cipriano, 15
    1º dia, 15
    2º dia, 16
    3º dia, 18
    4º dia, 19
    5º dia, 21
    6º dia, 22
    7º dia, 23
    8º dia, 25
    9º dia, 26
4. Oração a São Cipriano, 28
5. Ladainha de São Cipriano, 30

APRESENTAÇÃO

Pouco se sabe a respeito de São Cipriano. É conhecido como o santo que afasta a inveja, a maldade, os espíritos malignos. É comemorado no dia 16 de setembro.

Este livrinho contém a vida do santo, sua novena, oração e ladainha e algumas passagens da Bíblia, seguidas de uma oração para o pedido de graça especial, acompanhada de um Pai-nosso, uma Ave-Maria e um Glória ao Pai.

Deve-se sempre iniciar a novena fazendo o sinal-da-cruz e rezando a oração ao divino Espírito Santo:

> Vinde, Espírito Santo, enchei os corações de vossos fiéis e acendei neles o fogo do vosso amor. Enviai o vosso Espírito e tudo será criado. E renovareis a face da terra.

Não se esqueça de agradecer a São Cipriano e a Deus, ao alcançar a graça desejada.

TRADIÇÃO SOBRE A VIDA DE SÃO CIPRIANO

São Cipriano foi até os 30 anos de idade – época que se converteu ao cristianismo – chamado de feiticeiro. Teria nascido em Antioquia, na Fenícia, em 250 d.C. Seus pais eram pagãos e tinham uma situação econômica muito elevada. Desde a infância, Cipriano foi induzido aos estudos da feitiçaria e das ciências ocultas como a alquimia, a astrologia, as adivinhações e outras modalidades de magia.

Viajou pelo Egito, Grécia e outros países, aperfeiçoando seus conhecimentos em "bruxaria". Aos 30 anos de idade, conheceu a bruxa Évora e, com ela, intensificou seus estudos e aprimorou a técnica da premonição. Évora, na hora de morrer, diz a tradição, passou para seu discípulo tudo que havia escrito sobre suas descobertas no mundo do sobrenatural. Cipriano, porém, não ficou só nestas descobertas, buscou sempre uma maneira de conseguir uma estreita relação com os demônios.

No local onde estudava, misturavam-se objetos, bichos, plantas, aparelhos, sapos, gatos, esqueletos... Tudo dava ao ambiente um ar de mistério. E Cipriano ria, zombando do medo dos amigos que o visitavam.

Eusébio, antigo companheiro de estudo, tentou afastar Cipriano desse ambiente, mas este, dominado pela bruxaria, chegou a desprezar a lei cristã, ridicularizando-a e unindo-se aos bárbaros para obrigar os cristãos a renunciar a Jesus Cristo.

Diz a tradição que a conversão de Cipriano, o feiticeiro, se deve a uma moça, bela e rica, chamada Justina. Seus pais, Edeso e Cledônia, a educaram nas tradições pagãs. Ouvindo, porém, as pregações do diácono Prailo, Justina se converteu ao cristianismo, dedicando sua vida às orações, consagrando e preservando a virgindade.

Um jovem rico, de nome Aglaide, apaixonou-se por Justina. Os pais dela, já convertidos à fé cristã, concederam a sua mão ao jovem, mas ela não aceitou. Aglaide recorreu a Cipriano para que o feiticeiro aplicasse seu poder, fazendo com que Justina abandonasse sua fé e se casasse com ele. Cipriano usou vários feitiços, ofereceu sacrifícios, mas não obteve resultado; Justina defendia-se com orações e o sinal-da-cruz.

A ineficácia dos feitiços contra Justina e a ajuda do amigo cristão Eusébio levaram o feiticeiro à conversão ao cristianismo. Ele queimou seus manuscritos, distribuiu seus bens entre os pobres e ingressou no grupo dos catecúmenos.

Mais tarde, Cipriano foi batizado e se tornou amigo de Justina; ambos fizeram muita caridade como cristãos. As notícias disso chegaram ao Imperador Diocleciano e, por isso, Cipriano e Justina foram perseguidos, presos e torturados. Perante o imperador não negaram a fé cristã e, como castigo, Justina foi chicoteada e Cipriano açoitado com pentes de ferro. Por persistirem afirmando sua fé em Jesus Cristo, foram lançados em uma caldeira fervente com banha e cera e, mesmo assim, resistiram e permaneceram serenos.

Após este fato, o Imperador Diocleciano ordenou que Justina e Cipriano fossem decapitados às margens do Rio Galo. Seus corpos ficaram expostos por seis dias, até serem recolhidos por cristãos que os levaram para Roma. No império de Constantino, os restos mortais foram enviados para a Basílica de São João do Latrão.

De feiticeiro, bruxo, astrólogo, Cipriano converteu-se ao cristianismo, fez penitências, tornou-se padre, depois bispo, condenando e repudiando toda a espécie de magia e feitiçaria.

A lenda de São Cipriano – O Feiticeiro – confunde-se com Cipriano, imortalizado na Igreja Católica, conhecido como "Papa Africano". Com o passar dos anos, os ciprianos tornaram-se um só na cultura popular, sendo conhecidos como São Cipriano, santo invocado para afastar a inveja, as maledicências, o mau-olhado, os espíritos malignos, ou seja, qualquer malefício que esteja prejudicando nossas vidas.

Novena de São Cipriano

1º dia

Iniciemos com fé este primeiro dia de nossa novena, invocando a presença da Santíssima Trindade: em nome do Pai e do Filho e do Espírito Santo. Amém.

Leitura do Evangelho: Jo 8,12

> Jesus lhes falou outra vez: "Eu sou a luz do mundo. Quem me segue não andará nas trevas, mas terá a luz da vida".

Reflexão. Jesus é a luz divina que acaba com as trevas em nossas vidas. Essa luz chega a todos, mas só ilumina as trevas das pessoas que a deixam penetrar em suas vidas, pessoas que reconhecem a sabedoria e o amor de Deus. Na Bíblia, "luz" significa vida, verdade, amor, paz, alegria; trevas significam morte, mentira, ódio, discórdia, tristeza.

Oração: Iluminai meu caminho, Senhor Jesus, guiando meus passos e estendendo vossa mão protetora. Recorro a vossa proteção contra todas as forças malignas. Venho hoje pedir, por intercessão de São Cipriano, vossa proteção contra a inveja, as maledicências, as fofocas, o ciúme, as calúnias e outros males. Rogo a São Cipriano que... (pede-se a graça desejada).

Pai-nosso

Ave-Maria

Glória ao Pai

São Cipriano, intercedei por nós!

2º dia

Iniciemos com fé este segundo dia de nossa novena, invocando a presença da Santíssima Trindade: em nome do Pai e do Filho e do Espírito Santo. Amém.

Leitura bíblica: Is 41,10-13

Não tenhas medo, pois estou contigo, não olhes apreensivo, pois sou eu teu Deus! Eu te fortaleço, sim, eu te ajudo; sim, eu te sustento com a minha mão direita vitoriosa. Sairão envergonhados e frustrados todos os que se enfurecem contra ti, serão reduzidos a nada e perecerão os que resmungam contra ti. Tu os procurarás, mas não encontrarás essa gente que luta contra ti. Serão reduzidos a nada os que te fazem guerra. Pois eu sou o Senhor teu Deus, tomo-te pela mão direita e te digo: "Não tenhas medo, eu te ajudo!"

Reflexão: O Profeta Isaías nos mostra que devemos ter confiança total no Senhor, total entrega nas mãos de Deus.

Oração: Peço-vos, São Cipriano, defendei-me contra as maldades e perseguições dos meus inimigos. Eu sei que vós conheceis os caminhos das trevas e vos peço que me livreis deles assim como toda a minha família.

Confio em vossa intercessão junto a Jesus, para nos preservar das tentações e dos espíritos das trevas. Livrai-me de... (fazer o pedido).

Pai-nosso
Ave-Maria
Glória ao Pai
São Cipriano, intercedei por nós!

3º dia

Iniciemos com fé este terceiro dia de nossa novena, invocando a presença da Santíssima Trindade: em nome do Pai e do Filho e do Espírito Santo. Amém.

Leitura bíblica: Tg 3,7-8

> Feras, aves, répteis e animais marinhos de todas as espécies são domesticáveis e têm sido chamados pela raça humana, mas ninguém é capaz de domar a língua. É um mal irrequieto e está cheio de veneno mortífero. Com ela, bendizemos o Senhor e Pai, com ela amaldiçoamos as pessoas, feitas à imagem de Deus.

Reflexão: O ser humano pode destruir outro ser humano através das palavras, matando a amizade e a paz. Assim, não se deve julgar o outro, evitando também a difamação, a calúnia.

Oração: Ó Deus, ajudai-nos a parar antes de falar para considerar o que vós gostaríeis que falássemos. Guardar a vossa palavra em nós nos dá força nos momentos de fraqueza ou quando enfrentamos as tentações da vida.

São Cipriano, tu que venceste várias tentações, ajuda-nos a invocar Cristo nessas horas, pois Ele sempre nos socorrerá.

São Cipriano, concede-me a graça que suplico neste momento... (pede-se a graça)

Pai-nosso
Ave-Maria
Glória ao Pai
São Cipriano, rogai por nós!

4º dia

Iniciemos com fé este quarto dia de nossa novena, invocando a presença da Santíssima Trindade: em nome do Pai e do Filho e do Espírito Santo. Amém.

Leitura bíblica: 1Pd 5,9
>Lançai sobre ele vossas preocupações, porque cuida de vós. Estai alerta e vigiai, pois o vosso adversário, o diabo, anda em volta como um leão que ruge, procurando a quem devorar. Resisti-lhe firmes na fé, considerando que iguais sofrimentos suportam nossos irmãos espalhados pelo mundo.

Reflexão: Os problemas, às vezes, aparecem de todos os lados, mas o que nos sustenta nessas horas é a fé em Jesus, nosso Senhor.

Oração: São Cipriano, defendei-me contra as maldades e perseguições dos meus inimigos. Ajudai-me sempre a reconhecer Jesus Cristo como Senhor, enfrentando todas as dúvidas, confusões e ciladas armadas por seu adversário.

São Cipriano, concedei-me a graça que neste momento vos suplico... (pede-se a graça).

Pai-nosso
Ave-Maria

Glória ao Pai
São Cipriano, intercedei por nós!

5º dia

Iniciemos com fé este quinto dia de nossa novena, invocando a presença da Santíssima Trindade: em nome do Pai e do Filho e do Espírito Santo. Amém.

Leitura bíblica: Sl 91,11

Pois aos seus anjos darás ordens a teu respeito, para que te guardem em todos os teus caminhos.

Reflexão: Estas palavras do Salmista nos lembram de Santo Agostinho, quando ele disse que "qualquer coisa visível neste mundo está sob a guarda de um anjo". O amor de Deus por nós é tão grande que estamos sempre sob a proteção de anjos e santos.

Oração: Senhor, livrai-nos de todos os males. São Cipriano, eu te peço que desligues qualquer maldição, feitiço ou inveja que tenham sido colocados sobre nós. Neste momento, de modo particular, peço-te que... (pede-se a graça).

Pai-nosso
Ave-Maria
Glória ao Pai
São Cipriano, intercedei por nós!

6º dia

Iniciemos com fé este sexto dia de nossa novena, invocando a presença da Santíssima Trindade: em nome do Pai e do Filho e do Espírito Santo.

Leitura bíblica: Sl 59,2

Meu Deus, livra-me dos meus inimigos, protege-me dos meus agressores!

Reflexão: O ser humano sempre vai se deparar com maldades, ciladas, calúnias, invejas na sua caminhada. O mal sempre estará presente, mas o bem também. O bem deverá crescer mais para iluminar as trevas.

Oração: Em vós confio, São Cipriano, e peço-vos força mental e espiritual para reagir contra os males do mundo, a perseguição invisível, a calúnia e a inveja. Que Jesus Cristo nos proteja e nos mantenha distantes dos nossos inimigos e de toda a inveja que nos cerca. São Cipriano, rogai por nós e concedei-nos a graça... (pede-se a graça desejada)

Pai-nosso
Ave-Maria
Glória ao Pai
São Cipriano, intercedei por nós!

7º dia

Iniciemos com fé este sétimo dia de nossa novena, invocando a presença da Santíssima Trindade: em nome do Pai e do Filho e do Espírito Santo.

Leitura bíblica: Sl 25,1-5

A ti, Senhor, elevo minha alma. Em ti, meu Deus, confio; que eu não fique decepcionado, nem triunfem sobre mim meus inimigos! Não ficam decepcionados os que em ti esperam; decepcionados ficarão os que perdem a fé por um nada. Revela-me, Senhor, teus caminhos, ensina-me tuas veredas! Dirige-me no caminho por tua verdade e me ensina porque tu és o Deus da minha salvação, e em ti espero todo o dia.

Reflexão: Este ato de entrega total ao Senhor pelo salmista é para nós um exemplo de verdadeira fé, de confiança de que Deus guia nossos caminhos, estando conosco em todos os momentos da vida.

Oração: Bendito sejais, Senhor nosso Deus, pois nunca nos abandonais. Bendito sejais, Senhor, por permitir sentir vosso consolo e amparo; mesmo quando não seguimos vossos mandamentos, permitistes nossa reconciliação convosco, como aconteceu com São Cipriano. Bendito sejais, Senhor, por permitir a intercessão de São Cipriano junto a vós. Pela intercessão dele, pedimos que... (faz-se o pedido)

Pai-nosso
Ave-Maria
Glória ao Pai
São Cipriano, intercedei por nós!

8º dia

Iniciemos com fé este oitavo dia de nossa novena, invocando a presença da Santíssima Trindade: em nome do Pai e do Filho e do Espírito Santo. Amém.

Leitura bíblica: Sl 23,4

> Ainda que eu ande por um vale de espessas trevas, não temo mal algum, porque tu estás comigo; teu bastão e teu cajado me confortam.

Reflexão: Devemos unir nossa força ao poder de Deus. Ele é nosso Pai, cuidando de nós com amor.

Oração: Senhor Jesus, libertai-me do mal. Fortalecei-me com vosso Espírito e alegrai-me com vossa paz, conforme fizestes com São Cipriano. São Cipriano, não me deixes cair nas tentações, não deixes que o poder das trevas caia sobre mim! São Cipriano, afasta de mim esta influência negativa... (pede-se a graça).

Pai-nosso
Ave-Maria

Glória ao Pai
São Cipriano, rogai por nós!

9º dia

Iniciemos com fé este último dia de nossa novena, invocando a presença da Santíssima Trindade: em nome do Pai e do Filho e do Espírito Santo. Amém.

São Cipriano,
Ajudai-nos a entregar nossa vida inteiramente nas mãos de Deus.
Ajudai-nos a proclamar, a partir de hoje, toda a vitória contra o mal. Peço-vos a graça da perseverança para testemunhar Jesus e divulgar o Reino de Deus.
Ajudai-nos a afastar de nós nossos inimigos espirituais e terrenos.
Ajudai-nos nos momentos de ansiedade e aflição.
Ajudai-nos a ser perseverantes nos nossos deveres cristãos.
Ajudai-nos a encontrar a paz e a alegria em nossas vidas.

Ajudai-nos a encontrar a força necessária para enfrentar os inimigos espirituais.
Ajudai-nos a ter cada vez mais fé em Cristo, nosso Senhor.
Ajudai-nos a perdoar aqueles que nos ofenderam e magoaram.
Ajudai-nos a nos curar, libertando-nos de todo mal.
Ajudai-nos a transformar, com nossos pensamentos e ações diárias, a história humana.
Agradeço-vos, São Cipriano.
Agradeço-vos, meu Deus.
Ó Senhor, que dissestes: "deixo-vos a paz, dou-vos a minha paz", concedei-nos, por intercessão da Virgem Maria, a libertação de todas as maldições e a graça de gozarmos sempre de vossa paz. Por Cristo, nosso Senhor. Amém!

Pai-nosso
Ave-Maria
Glória ao Pai
São Cipriano, intercedei por nós!
(Fazer o sinal-da-cruz.)

4

ORAÇÃO A SÃO CIPRIANO

São Cipriano, vós que praticastes malefícios e feitiçarias contra seus semelhantes e recebestes a luz divina que vos iluminou para o caminho da salvação, ajudai-me a fortalecer minha fé, para que, diante de qualquer ataque do inimigo, eu possa enfrentar, respondendo tranqüilamente, com plena confiança em Deus, criador do céu e da terra.

Deus é a minha luz e salvação. Vós, São Cipriano, conheceis os caminhos dos que fazem maldades e lançam o mal a seus semelhantes. Confio em vossa intercessão junto a Deus, todo-poderoso, para o perdão de minhas faltas. Livrai-me, São Cipriano, das tentações dos espíritos das trevas, afugentando de mim e de minha família qualquer força maligna.

Junto com São Cipriano, eu invoco o Espírito Santo para desligar a mim e minha família de todo o mal a nós desejado.

Peço-vos, Espírito Santo, que derrameis a vossa luz sobre... (fala-se o nome da pessoa ou o sobrenome da família), afastando, assim, todo o mal a ele(a) ou a nós desejado.

LADAINHA DE SÃO CIPRIANO

Senhor, tende piedade de nós.
Jesus Cristo, tende piedade de nós.
Senhor, tende piedade de nós.

Jesus Cristo, escutai-nos.
Jesus Cristo, atendei-nos.

Deus Pai do Céu, tende piedade de nós.
Deus Filho, Redentor do mundo, tende piedade de nós.
Deus Espírito Santo, tende piedade de nós.
Santíssima Trindade, que sois um só Deus, tende piedade de nós.

Santa Maria, Rainha dos Mártires, rogai por nós.
São Cipriano, que se converteu ao cristianismo, rogai por nós.
São Cipriano, poderoso intercessor junto de Deus, rogai por nós.

São Cipriano, invocado para afastar inveja e ciúmes, rogai por nós.
São Cipriano, santo que nos protege de todas as formas de malefícios, rogai por nós.
São Cipriano, santo que nos livra de feitiços, rogai por nós.
São Cipriano, perseverante na luta pelo bem, rogai por nós.
São Cipriano, santo que liberta de todas as obsessões malignas, rogai por nós.
São Cipriano, santo que nos defende contra as maldades e perseguições de nossos inimigos, rogai por nós.
São Cipriano, consolo nas necessidades, rogai por nós.
São Cipriano, defensor contra o inimigo, rogai por nós.

Cordeiro de Deus que tirais o pecado do mundo, perdoai-nos, Senhor.
Cordeiro de Deus que tirais o pecado do mundo, ouvi-nos, Senhor.
Cordeiro de Deus que tirais o pecado do mundo, tende piedade de nós.

Jesus Cristo, ouvi-nos.
Jesus Cristo, atendei-nos.

Rogai por nós, São Cipriano.
Para que sejamos dignos das promessas de Cristo.